Dedication

This book is dedicated to all those who seek American Citizenship.

Dedicación

Este libro está dedicado a todas aquellas personas que desean convertirse en ciudadanos americanos.

Natasha Gonzalez

INDEX

American Citizenship Guide

1. Introduction

Today, people from all over the world are attracted to the United States because of the freedom and opportunities that the American culture provides. In order to take advantage of these benefits on a permanent basis, it is necessary to become a citizen. This guide was developed to give the applicant for citizenship an idea of what to expect during the process. It covers the initial contact, the importance and structure of the interview, the review of the application (Form N-400) and the actual citizenship test itself.

Due to overwhelming requests from applicants, a translation of the procedures, questions, vocabulary and writing test sentences are offered in Spanish.

Introducción

Hoy en día, personas de todas partes del mundo emigran a los Estados Unidos de America atraídos por la libertad y oportunidades que provee la cultura americana. Para disfrutar permanentemente de dichos beneficios, es imperativo convertirse en ciudadano. Esta guía ha sido compilada para darle una idea acerca del proceso de la entrevista y el examen para la ciudadanía americana. La misma explica el contacto inicial con el oficial de inmigración, la importancia y estructura de la entrevista, repaso de la aplicación para la ciudadanía, conocida como el formulario *N-400* y el examen.

Esta guía es una herramienta útil para aquellas personas cuyo objetivo es tener un mejor conocimiento del proceso de naturalización, y está diseñada totalmente bilingüe en inglés y español.

2. Legal Disclaimer

This citizenship manual is meant only as a guide. At no time should it be considered a an interpretation or application of the law, or of the rules and procedures required to attain citizenship status.

Also, no attempt has been made to interpret the immigration laws in effect in the United States or imply there will be no changes in the future. America is a dynamic society and these laws are constantly changing.

Interested parties should contact the United States Citizenship and Immigration Services (USCIS), or an attorney specializing in immigration law , with any legal questions that might arise during their preparation for the exam or interview.

Descargo de Responsabilidad

Éste manual para la ciudadanía americana sólo servirá como manual de estudio. El mismo no debe considerarse una guía legal de inmigración o los procedimientos envueltos para obtener la ciudadanía. El mismo no se ha hecho con la intención de interpretar o reafirmar ninguna ley referente a inmigración de los Estados Unidos. Éstas leyes cambian constantemente. Cualquier persona interesada en asuntos legales referente al tema de inmigración, los requisitos o elegibilidad, deberá contactarse directamente con la oficina de inmigración conocida como USCIS.

3. General Introduction

The information in this manual has been assembled by interviewing hundreds of applicants who successfully completed the American citizenship interview and test. The suggested responses that are included in this guide are meant only as a guide to the type of information an examining officer is looking for and not a recommended response.

The applicant for naturalization is responsible for making sure that all personal information that is provided during the application process, or presented during the citizenship interview, is accurate and up to date and pertains specifically to them.

Información General

Este manual ha sido compilado mediante cientos de entrevistas realizadas a personas que exitosamente han pasado el examen de la ciudadanía Americana. Aunque los eventos mencionados aquí son reales, sus identidades han sido cambiadas. Los nombres, caracteres, lugares, fechas y eventos aquí mencionados son productos de la imaginación. Cualquier semejanza a personas vivas o muertas, es pura coincidencia.

4 . Initial Contact by the Immigration Agency

An application for naturalization can be downloaded from the Internet;

http://www.uscis.gov/citizenship/learners/apply-citizenship,

 or obtained at various private agencies catering to the Immigration process. It is strongly recommended the applicant take advantage of the information offered online by the United States government.

Once you apply for the American citizenship and have completed the process of being fingerprinted, you will receive a letter indicating the date, time and place where to report for the interview and test. It is very important to follow instructions in the letter. This would include reporting on time and bringing supporting documents requested by the immigration authorities.

If for any reason – such as sickness or family emergency - you are forced to cancel the scheduled interview, you must notify the immigration office immediately.

Contacto inicial con la oficina de inmigración

Una vez usted haya aplicado para la ciudadanía Americana y haya completado el proceso de tomarse las huellas dactilares, recibirá una cita indicando la fecha y el lugar donde debe presentarse para la entrevista y el examen. Es importante que siga las instrucciones, presentándose a tiempo con los documentos requeridos por la oficina de inmigración.

Si por alguna razón se le hace imposible presentarse a su entrevista, por ejemplo, en caso de enfermedad, emergencia familiar u otro, debe notificarlo de inmediato a la oficina.

5. The Interview

As soon as you arrive in the office, notify the reception desk or the office secretary, that you are there for your citizenship interview. Present the appointment letter you received and a photo ID (green card or passport). Your citizenship interview will begin as soon as they call your name. Make sure you follow instructions given to you by the officer correctly.

Most commonly, the officer will place you under oath prior to beginning the formal interview. Any verbal exchange that takes place will be used to determine your ability to understand basic English conversation. Remember, following the officer's instructions is part of the test procedure. (For example; you might be asked to sit in a certain chair, or if you bring a purse or a briefcase, the officer might give you instructions on where to place it.) Make sure you follow any request exactly.

You must answer all questions in a courteous and correct manner.

La entrevista

Tan pronto llegue a la oficina, notifique a la persona indicada de su cita presentando la carta que recibió con la misma. Su entrevista empezará tan pronto se le llame por el nombre y usted siga al oficial de inmigración a su oficina. Asegúrese de prestar atención al oficial y seguir sus instrucciones al pie de la letra. Lo más común es que usted sea puesto bajo juramento antes de proseguir. Espere que le indique que puede tomar asiento. Si usted lleva un maletín, el oficial le puede decir dónde colocarlo. Recuerde que seguir estas instrucciones constituye su habilidad de entender inglés.

Una vez se haya sentado, la entrevista y el examen comenzarán con conversación básica. Esto lo hará sentir más cómodo, pero también demostrará su habilidad de comunicarse en inglés. Debe responder a las preguntas en una forma cortés y correctamente.

6. Typical Interview.

The following is a typical interview for a person applying for U.S. citizenship. This information is based on the comments of hundreds of applicants who appeared before various officers. Remember each interview is unique. Therefore, the information contained herein is just to give the applicant an idea on how to prepare. The responses given by the applicant must pertain to their particular situation.

Entrevista Típica

A continuación se ofrece un ejemplo típico de una entrevista para la ciudadanía americana. La misma se ha compilado basada en comentarios y experiencias de cientos de personas que han pasado por el proceso. Tenga presente que cada entrevista es única, por lo tanto, la información que aparece aquí es con el sólo propósito de darle una idea de cómo prepararse.

SAMPLE INTERVIEW FOR THE AMERICAN CITIZENSHIP

The test will be conducted in English unless the person meets the requirements to be tested in their native language (See UCIS web page for specific requirements.) A Spanish translation has been provided to make sure the Spanish-speaking applicants understand the instructions completely.

EJEMPLO DE LA ENTREVISTA PARA EL EXAMEN DE LA CIUDADANIA AMERICANA

Las preguntas y respuestas que aparecen aquí sirven como ejemplo de lo que es una entrevista típica. El examen será dado en inglés, a menos que la persona reuna los requisitos para tomarlo en su lengua natal. Puede visitar la página de internet de la oficina de inmigracion conocida como USCIS, para conocer más acerca de estos requisitos. Se ha incluído una traducción al Español para que aquellos hispanoparlantes entiendan las instrucciones completas.

The following abbreviations are used in the instructions

Las abreviaturas que aparecen aquí son:
EN: significa inglés   SP: significa Español

EN : ENGLISH   *SP : ESPAÑOL*

---

6. PART 1 – THE INITIAL CONTACT

The officer greets the applicant in the waiting area and asks them to follow them into their office. This is not just basic courtesy, it is used by the officer to test the applicants understanding of the English language.

EN: Greetings:

SP: Saludos

EN: Good morning.   Good afternoon.

SP: Buenas días. Buenas tardes.

EN: How is the weather today?

SP: ¿Cómo está el tiempo hoy?

Typical Responses:

Respuestas típicas:

EN: It is beautiful today.

SP: Está hermoso el día de hoy.

EN: It is sunny.

SP: Está soleado.

En: It is raining.

SP: Está lloviendo.

EN: It is cold.

SP: Hace frío.

EN: It is hot.

SP: Hace calor.

6. PART 2 – APPLICANTS ELIGIBILITY

How did you prepare for the test?

SP: ¿Cómo se preparó para la entrevista y el examen?

Typical Responses:

Respuestas típicas:

EN: I studied the civic questions very hard.

SP: Estudié bien las cien preguntas de civismo.

EN: I bought a book that helped me prepare for the test.

SP: Compré un libro para ayudarme con la preparación del examen.

EN: I took a citizenship course.

SP: Tomé un curso para la ciudadanía.

Are you willing to take the full Oath of Allegiance to the United States?

SP: ¿Está usted dispuesto a tomar el juramento de lealtad a los Estados Unidos?

Typical Responses:

Respuestas típicas:

EN: Yes. Of course.

SP: Sí. Por supuesto.

EN: Absolutely

SP: Absolutamente.

EN: I have waited all my life to take the Oath of Allegiance.

SP: He esperado toda mi vida para tomar el Juramento de Lealtad.

EN: If your answer is no, you must have a good reason or your interview will end there.

SP: Si su respuesta es negativa, debe tener una buena razón o su entrevista terminará al momento.

Can you speak, read and write English?

SP: ¿Habla, lee y escribe inglés?

Typical Responses:

Respuestas típicas:

EN: I do speak English, but I am studying hard to become fluent.

SP: Yo hablo inglés, pero estoy estudiando para hablar con fluidez.

EN: I speak basic English, but want to speak like an American.

SP: Hablo inglés básico, pero quiero hablar como un americano.

Do you have a lawyer (an attorney?)

SP: ¿Tiene usted un abogado?

Typical Responses:

Respuestas Típicas

En: Yes. My lawyer came with me.

SP: Sí. Mi abogado vino conmigo.

EN: No. I don't need a lawyer.

SP: No. No necesito abogado.

EN: ***IMPORTANT NOTE: PART 5 PAGE 5 OF FORM N-400   INFORMATION ABOUT YOUR PARENTS.

If your biological mother or father or your adoptive parents were American citizens or naturalized before your 18th birthday, you may already be a U.S. citizen. Visit the USCIS webpage at www.uscis.gov for more information.

SP: ***NOTA IMPORTANTE: PARTE 5 PÁGINA 5
Formulario

N-400– INFORMACIÓN SOBRE SUS PADRES. Si su
mamá o papá biológico o sus padres adoptivos eran
ciudadanos americanos o naturalizados, antes de usted
cumplir los 18 años de edad, puede que ya usted sea
ciudadano. Vaya a la página web en el internet
www.uscis.gov para más información.

What does the Oath of Allegiance mean to you?

This is a personal response. Give some thorough
consideration to it before going to the interview.

SP: ¿Qué significa el Juramento de Lealtad para usted?

SP: Ésta respuesta es de carácter personal. Piense bien
en su respuesta antes de ir a la entrevista.

What's the Constitution?

SP: ¿Qué es la Constitución?

Typical Responses:

Respuestas Típicas:

EN: The supreme law of the land.

SP: La ley suprema de la nación.

EN: The law upon which the nation is governed.

SP: La ley por la cual se rige el país.

Do you support the Constitution and the form of government of the United States?

This is a personal response. Give some thorough consideration to it before going to the interview. Your answer will determine if you want to become a citizen.

SP: ¿Cree usted en la Constitución y la forma de gobierno de Los Estados Unidos?

Ésta respuesta es de carácter personal. Piense bien en su respuesta antes de ir a la entrevista. Su respuesta determinará si usted desea o no ser ciudadano americano.

Do you know why you're here today?

SP: ¿Sabe usted por qué está aquí hoy?

Typical Responses:

Respuestas Típicas:

EN: I'm here for a citizenship interview and test.

SP: Estoy aquí para la entrevista y el examen de la ciudadanía.

EN: I am here to see if I am qualified to become an American citizen.

SP: Estoy aquí para ver si califico para ser ciudadano americano.

EN: Yes. The government wants to know if I meet all of the requirements to become a citizen.

SP: Sí. El gobierno quiere saber si reuno todos los requisitos para hacerme ciudadano.

How did you get here today?

SP: ¿Cómo llegó aquí hoy?

Typical Responses:

Respuestas Típicas:

EN: By car. Or... I drove.

SP: *En carro. Manejé.*

Why do you want to be an American citizen?

SP: *¿Por qué quiere ser ciudadano (a) Americano (o)?*

Typical Response:

Respuestas Típicas:

EN: Because I want to vote.

SP: *Porque quiero votar.*

EN: Because I love this country and I live here.

SP: *Porque amo a éste país y vivo aquí.*

Are you willing to take the full Pledge of Allegiance to the United States?

SP: *¿Está usted dispuesto a tomar el Juramento de Lealtad a los Estados Unidos?*

Typical Responses:

Respuestas Típicas:

EN: Yes, I am.

SP: *Si, estoy dispuesto(a).*

EN: Of course. It would be an honor.

SP: *Por supuesto. Será un honor.*

Please raise your right hand. Do you swear (promise) to tell the truth, the whole truth and nothing but the truth?

SP: *Por favor, levante su mano derecha. ¿Jura usted decir la verdad, toda la verdad y nada más que la verdad?*

Typical Responses:

 Respuesta típicas

EN: Yes, I do.

SP: *Sí, lo juro.*

EN: Yes, I promise to tell the truth.

SP: *Sí. Prometo decir la verdad.*

Do you swear that all the information on the application you submitted for your citizenship is true?

SP: ¿Jura usted que toda la información que aparece en su aplicación es la verdad?

Typical Responses:

Respuestas Típicas:

EN: Yes, I do.

SP: Sí, lo juro.

Do you understand what an oath is?

SP: ¿Entiende usted lo que es un juramento

Typical Responses

Respuestas Típicas

En: It is a promise to tell the truth

SP: Es prometer decir la verdad.

En: Yes, when I raised my right hand I promised not to lie.

Sp: Sí, cuando levanté mi mano derecha prometí no mentir

You may sit down.   You may take a seat.

Sp: Puede sentarse.   Por favor, tome asiento.

<u>Typical Responses</u>

Respuestas Típicas:

En: Thank you very much.

Sp: Muchas gracias.

6. PART 3 – REVIEW OF APPLICANTS CREDENTIALS

May I have your alien card (permanent resident card) and your passports?

Sp: ¿Me puede pasar su tarjeta de residencia y sus pasaportes?

Typical Responses

Respuestas Típicas:

EN: Yes. Here is my passport and my Permanent Resident card.

SP: Sí. Aquí están mi pasaporte y la tarjeta de residencia.

En: Yes, here you are. I also have my social security card here if you need it.

SP: Sí, aquí están. Tengo también mi tarjeta de seguro social por si la necesita.

We are going to go over your application. If there are any changes in your application information, please let me know.

SP: Vamos a repasar la información en su aplicación. Si hay algún cambio, por favor me avisa.

<u>Typical Reponses</u>

Respuestas Típicas

EN: Yes. I no longer work at the company listed on the application. I started a new job now last week.

SP: Sí. Ya no trabajo en la compañía que aparece en la aplicación. Comenzé un trabajo nuevo la semana pasada.

EN: Yes. The only change would be my new phone number. I just changed my home phone number.

SP: Sí. El único cambio es que tengo un número de teléfono nuevo. Lo cambié hace poco.

6. PART 4 - REVIEW OF THE APPLICATION

Make sure you application is accurate. Remember, if you have an agency or a third party fill it out for you, you are still responsible for accuracy. Your answers during the interview <u>must match</u> the information you provided on your naturalization application.

What is your full name?

SP: ¿Cuál es su nombre completo?

<u>Typical Responses:</u>

Respuestas Típicas:

EN: My full name is Manuel Antonio Pérez Rodriguez. The A on my application stands for my middle name which is Antonio.

SP: Mi nombre completo es Manuel Antonio Pérez Rodriguez. La letra A que aparece en la aplicación es la inicial de mi segundo nombre que es Antonio.

EN: My full name is Maria Del Carmen Sánchez Nuñez de Tirado. Now my married name is Tirado. The name on the application is Maria del Carmen Sánchez Nuñez de Tirado, which is a very long name. I would like to shorten it to Maria D. Sánchez Tirado on the certificate of naturalization.

SP: Mi nombre completo es Maria Del Carmen Sánchez Nuñez de Tirado. Ahora mi apellido de casada es Tirado. En mi aplicación aparezco como Maria Del Carmen Sánchez Nuñez de Tirado y es un nombre muy largo. En el certificado de naturalización yo quiero que mi nombre aparezca como Maria D. Sánchez Tirado.

Can you spell your last name, please?

SP: ¿Puede deletrear su apellido, por favor?

Typical Responses:

Respuestas Típicas:

EN: Sure. (Spell your name in English.)

SP: Por supuesto. Aprendí el abecedario en inglés cuando estaba tomando clases para la ciudadanía.

Do you still live at this address?

¿Todavía vive usted en ésta dirección?

Typical Responses

Respuestas Típicas

Yes, I do. That's my current address – 500 New Street, Newark New Jersey.

SP: Sí, vivo ahí actualmente en el 500 New Street, Newark, New Jersey.

How long have you been living there?

SP: ¿Cuánto tiempo lleva viviendo ahí?

<u>Typical Responses</u>

Respuestas típicas

En: I have been living there for three years.

Sp: He estado viviendo ahí por tres años.

En: I have lived there since I came to the United States in 2005.

SP: He vivido ahí desde que llegué a los Estados Unidos en el 2005.

How long have you been a permanent resident?

SP: ¿Cuánto tiempo lleva usted con residencia permanente?

<u>Typical Responses</u>

Respuestas típicas

EN: I have been a permanent resident for five years.

SP: He sido residente permanente por cinco años

EN: I became permanent resident on June 20, 2005.

SP: Recibí mi residencia permanente el 20 de junio de 2005.

How did you become a permanent resident?

SP: ¿Cómo obtuvo usted la permanencia legal?

Typical Responses

Respuestas típicas

EN: My wife petitioned for me.

SP: Mi esposa me hizo la petición.

EN: My mother, who is a U.S. citizen, made the petition for me.

SP: Mi mamá, quien es ciudadana americana, me hizo la petición.

En: I got my permanent status through an employment contract. It is the same Company where I work now.

SP: Obtuve la permanencia legal por medio de un contrato de trabajo. Es la misma compañía donde trabajo actualmente.

Who is your employer?

SP: ¿Quién es su patrono?

<u>Typical Responses</u>

Respuestas típicas

EN: I work at Clean-X Services in New York.

SP: Trabajo en Clean-X Services en Nueva York.

What do you do there?

SP: ¿Qué tipo de trabajo desempeña ahí?

<u>Typical Responses</u>

Respuestas típicas

EN: I do maintenance and general cleaning.

SP: Hago mantenimiento y limpieza en general.

EN: I work for Containers and Containers Corporation. They make jars and glass containers.

SP: Trabajo en Containers and Containers Corporation. Hacen jarros de cristal.

EN: My job consists of inspecting and packing the jars for shipment.

SP: Mi trabajo consiste en inspeccionar y empacar los jarros antes de enviarlos al mercado.

Are you married?

SP: ¿Es usted casado(a)?

EN: What is your current marital status?

SP: ¿Cuál es su estado civil?

<u>Typical Responses</u>

Respuestas típicas

EN: Yes, I am married.

SP: Sí, Soy casado(a).

EN: I am divorced now.

SP: Ahora soy diorciado(a).

EN: No, I am not married. I was married but got divorced 7 years ago.

SP: No, no soy casado(a). Estuve casado(a) pero me divorcié hace 7 años.

EN: No. I was married for 20 years and sadly lost my spouse two months ago.

SP: No. Estuve casado(a) por 20 años pero lamentablemente perdí a mi esposo(a) hace dos meses.

Is your spouse a U. S. citizen?

SP: ¿Es su esposo(a) ciudadano(a) americano(a)?

Typical Responses

Respuestas típicas

EN: Yes, my wife is an American citizen. She became a naturalized citizen in New Jersey.

SP: Sí. Mi esposa es ciudadana americana. Ella se naturalizó en Nueva Jersey.

EN: No. My husband is not an American citizen. He is a permanent resident.

SP: No. Mi esposo no es ciudadano americano. Él es residente permanente.

How many times have you been married?

SP: ¿Cuántas veces ha sido casado(a)?

Typical Responses

Respuestas típicas

EN: I have been married one time. Only once.

SP: He sido casado(a) una vez. Solamente una vez.

EN: I am single. I have never been married.

SP: Soy soltero(a). Nunca me he casado(a).

What country are you from?

SP: ¿De qué país es usted?

Typical Responses

Respuestas típicas

EN: I am from Colombia.

SP: Soy de Colombia.

EN: I was born and raised in Ecuador.

SP: Nací y me crié en Ecuador.

EN: I am from Dominican Republic and was born in the capital.

SP: Soy de la República Dominicana y nací en la capital.

What's your Nationality?

SP: ¿Cuál es su nacionalidad?

Typical Responses:

Respuestas típicas:

EN: I am Colombian, but I want to become an American citizen.

SP: Soy de Colombia, pero quiero hacerme ciudadano Americano.

EN: I am Ecuadorean, but I have been living in the United States for a long time.   I am ready to become a citizen of the United States.

SP: Soy de Ecuador, pero he vivido mucho tiempo en los EE.UU. Estoy listo para hacerme ciudadano de los Estados unidos.

EN: I am Dominican.

SP: Soy Dominicana(o)

What's your date of birth?

SP ¿Cuál es su fecha de nacimiento?

Typical Responses

Respuestas típicas

En: My date of birth is November 6, 1980.

SP: Mi fecha de nacimiento es el 6 de noviembre de 1980.

When were you born?

SP: ¿Cuándo nació?

EN: I was born on November 6, 1980.

SP: Nací el 6 de noviembre de 1980.

What's your spouse's full name?

SP: ¿Cuál es el nombre completo de su esposo(a)?

<u>Typical Responses</u>

Respuestas típicas

EN: Her name is Maria Teresa Cancel de Taveras.

SP: Su nombre es Maria Teresa Cancel de Taveras.

EN: His name is Julio Estevan Ramirez Ramos.

SP: El nombre de él es Julio Estevan Ramírez Ramos.

What's your spouse's date of birth?

SP: ¿Cuál es la fecha de nacimiento de su esposo (a)?

Typical Responses

Respuestas típicas

EN: Her date of birth is December 15, 1985.

SP: Su fecha de nacimiento es el 15 de diciembre de 1985.

EN: His date of birth is September 20, 1990.

SP: Su fecha de nacimiento es el 20 de septiembre de 1985.

When did you get married?

SP: ¿Cuándo se casó?

Typical Responses

Respuestas típicas

EN: We got married July 10, 1970.

SP: Nos casamos el 10 de julio de 1970.

Where did you get married?

SP: *¿Dónde se casó?*

<u>Typical Responses</u>

Respuestas típicas

EN: We got married in Buenos Aires, Argentina.

SP: *Nos casamos en Buenos Aires, Argentina.*

EN: We got married in Lima, Perú.

SP: *Nos casamos en Lima, Perú.*

When did you get divorced?

SP: *¿Cuándo se divorció?*

<u>Typical Responses</u>

Respuestas típicas

EN: I got divorced on March 17, 1982.

SP: *Nos divorciamos el día 17 de marzo de 1982.*

Where does your spouse live?

SP: ¿Dónde vive su esposo(a)?

Typical Responses

Respuestas típicas

EN: She lives in Florida now.

SP: Ella vive en Florida ahora.

En: He lives with me at the address that is listed on the application.

Sp: Él vive conmigo en la misma dirección que aparece en la aplicación.

Do you have any children?

SP: ¿Tiene usted niños (hijos)?

Typical Responses

Respuestas típicas

EN: Yes, I do. I have three children. I also have a stepson and a stepdaughter.

SP: Sí, tengo tres hijos. También tengo un hijastro y una hijastra.

EN: No, I don't have any children.

SP: No. No tengo hijos.

Can you state your children's names?

SP: ¿Puede decirme los nombres de sus hijos (hijas)?

Typical Responses

Respuestas típicas

EN: Yes. Juan Carlos Cruz, is the oldest. Nancy Ann Cruz, is my middle daughter and Miguel Angel Cruz is the youngest. Cándido González González, is my stepson and my stepdaughter is Ángeles González González.

SP: Sí. Juan Carlos Cruz, es el mayor, Nancy Ann Cruz, la hija del medio y Miguel Angel Cruz, el menor. Cándido González González, es mi hijastro y Ángeles González González, es mi hijastra.

Please state your children's date of births.

SP: Por favor, diga la fecha de nacimiento de sus hijos.

Typical Responses

Respuestas típicas

EN: Juan Carlos' date of birth is April 10, 1999. Nancy's date of birth is May 5, 2002 and Miguel Angel's date of birth is January 10, 2006. Cándido González was born February 14, 1990 and Ángeles González González was born February 14, 1990. They are twins.

SP: *La fecha de nacimiento de Juan Carlos es el 10 de abril de 1999. La de Nancy es el 5 de mayo de 2002 y la de Miguel Ángel es el 10 de enero del 2006. Cándido González y Ángeles González González nacieron el 14 de febrero del 1990. Son gemelos.*

Where were your children born?

SP: *¿Dónde nacieron sus hijos?*

Typical Responses

Respuestas típicas

EN: Juan Carlos, the oldest, was born in Colombia. All the other children were born in the United States.

SP: *Juan Carlos, el mayor, nació en Colombia. Todos los otros nacieron en los Estados Unidos.*

EN: Where do your children live?

SP: *¿Dónde viven sus hijos?*

Typical Responses

Respuestas típicas

EN: All of my children live with me.

SP: *Todos viven conmigo.*

Since becoming a permanent resident, have you traveled outside of the United States?

SP: *¿Desde que es residente permanente, ¿ha viajado fuera de los Estados Unidos?*

Typical Responses

Respuestas típicas

EN: Yes, I went to Colombia last year to visit my family. I have a brother and a sister there. My grandfather lives in Colombia too.

SP: *Sí, fui a Colombia el año pasado a visitar a mi familia. Tengo un hermano y una hermana allá. Mi abuelo también vive en Colombia.*

Why did you travel?

SP: ¿Por qué viajó?

Typical Responses

Respuestas típicas

En: I went to visit my family.

SP: Fui a visitar a mi familia.

I went on vacation.

Fuí de vacaciones

Have you traveled since you sent in your application for naturalization?

SP: ¿Ha viajado después que envió su aplicación para la ciudadanía?

Typical Responses

Respuestas típicas

EN: Yes. I had to make an emergency trip to my country because my grandfather was very sick.   I was only there for ten (10) days. Unfortunately he passed away two weeks ago.

SP: Sí. Tuve que salir de emergencia a mi país pues mi abuelo estaba muy enfermo. Sólo estuve fuera diez días. Lamentablemente él falleció hace dos semanas.

EN: No, I have not traveled after I applied for my citizenship.

SP: No. No he viajado después que apliqué para la ciudadanía.

EN: No. My last trip was about six years ago. I have not traveled abroad since then.

SP: No. Mi último viaje fue aproximadamente seis años atrás. No he viajado al extranjero desde entonces.

How many trips have you taken outside of the United States in the last five years?

SP: ¿Cuántos viajes ha dado fuera de los Estados Unidos en los últimos 5 años?

 Typical Responses

Respuestas típicas

EN: I have taken five trips. I try to go to my country every year.

SP: He dado cinco viajes. Trato de ir a mi país todos los años.

EN: I have only gone back to my country once since I became permanent resident. I was there for three weeks.

SP: *Solamente he ido una vez a mi país desde que soy residente permanente. Estuve allá un total de tres semanas.*

Were you ever absent from the United States for more than six months?

SP: *¿Alguna vez ha estado fuera de los Estados Unidos por seis meses o más?*

Typical Responses

Respuestas típicas

EN: No. My longest absence was for one month in 2010.

SP: *No. Mi viaje más largo fue por un mes en el 2010.*

7. The Citizenship Application: FORM N-400 (The Naturalization Application)

The following questions have been taken from the Form N-400 and may be asked during the interview. A Spanish translation is provided to make sure the Spanish-speaking applicant understands each question, and what type of information is being sought by the officer.

Make sure you understand the answers you provide to the immigration officer. This is an important part of the interview. Remember to always be truthful in your responses.

La aplicación: La aplicación para la Naturalizacion (Formulario N-400 – Página 13)

Las siguientes preguntas fueron sacadas directamente del formulario N-400 y el oficial lo cuestionará sobre las mismas durante la entrevista. Recuerde que es importante ser sincero en cuanto las respuestas.

1. Have you ever claimed or told anyone you are a U.S Citizen in writing or any other way?

SP: ¿Alguna vez ha dicho usted que es ciudadano americano, ya sea por escrito o de alguna otra forma?

2. Have you ever registered to vote in any federal, state or local election in the United States?

SP: ¿Alguna vez se ha registrado para votar en una elección federal, estatal o local en los Estados Unidos?

3. Have you ever voted in any federal, state or local election in the United States?

SP: ¿Alguna vez ha votado en alguna elección federal estatal o local en los Estados Unidos?

4. Do you now have, or did you ever have a hereditary title of nobility in any foreign country?

SP: ¿Tiene usted actualmente, o alguna vez ha tenido un título hereditario de nobleza en algún país extranjero?

5. Have you ever been declared legally incompetent or been confined to a mental institution?

SP: ¿Alguna vez ha sido declarado mentalmente incompetente o ha estado en una institución mental?

6. Do you owe any overdue federal, state or local taxes?

SP: ¿Debe usted dinero de los impuestos (taxes) Federal, Local o del Estado?

7. Have you ever:

A. Not filed a Federal, State or Local tax return since you became a permanent resident?

SP: A. ¿Alguna vez falló en llenar los impuestos federales, estatales, o locales desde que es residente permanente?

EN: B. If you answered "yes", did you consider yourself to be a non –resident?

SP: B. Si su respuesta es "Sí", se consideraba usted ser "no-residente?"

8. Have you ever called yourself a non U.S. resident on a Federal, State or Local tax return since you became a permanent resident?

SP: ¿Desde que es residente permanente, alguna vez ha indicado usted ser no- residente estadounidense en los impuestos federales, estatales o locales?

9. A. Have you ever been a member of, involved in, or in any way associated with any organization, foundation, party, club, society, or similar group in The United States or in any other location in the world?

SP: A. ¿ Alguna vez ha sido miembro o ha estado envuelto en una organización, asociación, fondo, fundación, partido, club, sociedad, o un grupo similar en los Estados Unidos o en algún otro país del mundo?

EN: B. If you answered "yes" you must fill out the information below.

SP: B. Si su respuesta es "Sí", llene la información que aparece abajo.

10. Have you ever been a member or associated (directly or indirectly) with:

SP: ¿Alguna vez ha sido miembro o se asoció (directa o indirectamente) con:

EN: A. The Communist Party?

SP: ¿Un partido comunista?

EN: B. Any Totalitarian Party?

SP: ¿Un partido totalitario?

EN: C. A terrorist organization?

SP: ¿Una organización terrorista?

11. Have you ever advocated (directly or indirectly) the overthrow of any government by force or violence?

SP: ¿Alguna vez ha estado de acuerdo (directa o indirectamente) con el derrocamiento de algún gobierno por fuerza o violencia?

12. Have you ever persecuted (either directly or indirectly) any person because of race, religion, national origin, membership in a particular social group or political opinion?

SP: ¿Alguna vez ha perseguido (directa o indirectamente) a cualquier persona por su raza, religión, origen, por pertenecer a cierto grupo social, o por opinión política?

13. Since March 23, 1933 and May 8, 1945, did you work for or associate with:

A. The Nazi Government of Germany?

B. Any government in any area (occupied by allied with or established with the help of the Nazi Government of Germany?

C. Any German Nazi, or S.S. military unit, paramilitary unit, self-defense unit, vigilante unit, citizen unit, police unit, government agency or office, extermination camp, concentration camp, prisoner of war camp, prison, labor camp or transit camp?

SP: Desde Marzo 23, 1933 a Mayo 8, 1945, ¿se asoció usted o trabajó con:

A. El gobierno Nazi de Alemania?

B. Alguna área ocupada por, aliada con, o establecida con la ayuda del gobierno Nazi?

C. Alguna unidad Nazi, grupo paramilitary, unidad de defensa propia, unidad vigilante, unidad policia, alguna agencia del gobierno Nazi, campo de exterminación, campo de concentración, campo de prisionero de guerra, campo laboral, etc?

14. Have you ever been involved in the following?

SP: ¿Alguna vez ha estado envuelto en o ha participado en:

EN: Genocide

SP: ¿Genocidio?

EN: Torture?

SP: ¿Tortura?

EN: Killing or trying to kill someone?

SP: ¿Asesinato o intento de asesinato?

EN: Badly hurting, or trying to hurt someone?

SP: ¿Causar daño o herir a otra persona?

EN: Forcing, or trying to force someone to have any kind of sexual contact or relations?

SP: ¿Forzar, o intentar forzar a otra persona a tener relaciones sexuales u otro tipo de contacto sexual?

EN: Not letting someone practice his or her religion?

SP: ¿Impedir a alguien que practique su religión?

15. Have you ever been a member, or did you ever serve in, help, or otherwise participate in any of the following groups?

SP: ¿Alguna vez ha sido miembro de alguno de estos grupos?

EN: A. Military unit?

SP: ¿Unidad militar?

EN: B. Paramilitary unit? (a group of people who act like a military group but are not part of the official military)

SP: ¿Unidad paramilitar (un grupo de personas que actúan como un grupo militar, pero no son parte oficial del servicio militar)?

EN: C. Police unit?

SP: ¿Unidad policíaca?

EN: D. Self-defense unit?

SP: ¿Unidad de auto-defensa?

EN: E. Vigilante unit? (a group of people who act like the police, but are not part of the official police)?

SP: ¿Unidad vigilante? (un grupo de personas que actúan como la policía, pero no forman parte del cuerpo de la policía).

EN: F. Rebel group?

SP: *¿Grupo rebelde?*

EN: G. Guerrilla group? (a group of people who use weapons against or otherwise physically attack the military, police, government, or other people).

SP: *¿Guerilla? (un grupo de personas que utilizan armas en contra del ejército o quienes físicamente atacan la fuerza policíaca, el gobierno u otras personas).*

EN: H. Militia? (an army of people, not part of the official army).

SP: *¿Milicia? (un ejército de personas que no forman parte del ejército oficial).*

EN: I. Insurgent organization? (a group that uses weapons and fights against a government)

SP: *¿Una organización insurgente? (un grupo de personas que usan armas y pelean contra un gobierno)*

16. Were you ever a worker, volunteer or soldier, or did you otherwise ever serve in any of the following?

SP: Alguna vez trabajó o fue voluntario, soldado o de alguna otra manera participó en:

EN: A. Prison or jail?

SP: ¿Una cárcel o prisión?

En: B. Prison camp?

SP: ¿Campo de prisión?

EN: C. Detention facility? (a place where people are forced to stay)

SP: ¿Lugar de detención?

EN: D. Labor camp? (a place where people are forced to work)

SP: ¿Campo laboral?

EN: E. Any other place where people are forced to stay?

SP: ¿ Algún otro lugar donde la gente es forzada a estar?

17. Were you ever a part of any group, or did you ever help any group, unit, or organization that used a weapon against any person, or threatened to do so?

SP: ¿Formó usted parte de algún grupo, o ayudó a algún grupo, unidad u organización que empleaban armas o amenazaba con usarlas en contra de otra persona?

EN: If yes, when you were part of this group, or when you helped this group, did you use a weapon against another person?

SP: Si su respuesta es "Sí" – cuando formaba parte de éste grupo o cuando colaboró con el mismo, ¿usó usted alguna vez un arma en contra de otra persona?

EN: B. If yes, when you were part of this group, or when you helped this group did ever you ever tell another person that you knew that you would use a weapon against that person?

Si su respuesta es 'Sí", cuando formaba parte del grupo, o cuando colaboró con el mismo, ¿le comunicó usted a otra persona que iba a usar el arma contra esa otra persona?

18. Did you ever sell, give or provide weapons to any person, or help another person sell, give or provide weapons to any person?

SP: ¿Alguna vez vendió usted, le dio o proveyó armas a alguien o ayudó a otra persona a vender o proveer armas a otra persona?

EN: If yes, did you know that that person was going to use the weapons against that other person?

SP: Si su respuesta es "Sí", sabía usted que esa persona usaría el arma en contra de la otra persona?

B. If yes, did you know that this person was going to sell or give the weapons to someone who was going to use them against another person?

Si su respuesta es "Sí", ¿sabía usted que esa persona iba a vender o a dar el arma a otro que la usaría en contra de otra persona?

19. Did you ever receive any type of military, paramilitary (a group of people who act like military group, but are not part of the official military) or weapons training?

SP: ¿Alguna vez recibió usted algún tipo de entrenamiento militar o entrenamiento de armas, paramilitar (un grupo de persona que actúan como un grupo militar, pero no forman parte del ejército oficial)?

20. Did you ever recruit, ask, enlist, sign up, conscript (require), or use any person under the age of 15 to serve in or help an armed force or group?

SP: ¿Alguna vez reclutó usted, o pidió a alguien que se uniera o se inscribiera, o utilizó a un menor de menos de 15 años de edad, para servir o ayudar a un grupo o fuerzas armadas?

21. Did you ever use any person under the age of 15 to do anything that helped or supported people in combat?

SP: ¿Alguna vez reclutó o utilizó a una persona menor de 15 años de edad para que colaborara o apoyara a un grupo en combate?

NOTE: If questions numbers 22 to 28 apply to you, you must answer "yes" even if your records have been sealed, expunged, or otherwise cleared. You must disclose this information even if anyone, including a judge, law enforcement officer, or attorney, told you that it no longer constitutes a record or told you that you do not have to disclose the information.

SP: Si las preguntas números 22 a la 28 aplican a usted, debe responder afirmativo, (sí) aún si su caso fue aclarado/sellado o si su expediente está de alguna manera resuelto. Usted tiene que divulgar esta información aunque un juez, un oficial, o un abogado le haya dicho que esto ya no constituye un record o aún si le han dicho que usted no tiene que decir nada.

22. Have you ever committed, assisted in committing, or attempted to commit a crime for which you have not been arrested?

SP: ¿Alguna vez ha cometido, ha ayudado a cometer o ha intentado cometer un crimen por el cual no ha sido arrestado?

23. Have you ever been arrested, cited, or detained by any law enforcement officer (including any and all immigration officials or US Armed Forces) for any reason?

SP: ¿Alguna vez ha sido arrestado, citado o detenido por algún agente de la ley incluyendo un agente de inmigración o las Fuerzas Armadas de los Estados Unidos?

24. Have you ever been charged with committing, attempting to commit, or assisting in committing a crime or offense?

SP: *¿Alguna vez se le han formulado cargos por cometer, intento de cometer o ayudar a cometer algún crimen u ofensa?*

25. Have you ever been convicted of any crime or offense?

SP: *¿Alguna vez ha sido convicto de algún crimen u ofensa?*

26. EN: Have you ever been placed in an alternative sentencing or rehabilitation program?

SP: *¿Alguna vez se le ha impuesto una sentencia alterna o ha estado en algún programa de rehabilitación?*

27. Have you ever received a suspended sentence, been placed on probation or been paroled?

SP: *¿ Alguna vez se le ha impuesto una sentencia suspendida, o ha estado en probatoria o bajo palabra?*

A. *If you answered "yes", have you completed the probation or parole?*

A. *SP: Si su respuesta es "Si", ¿ya completó con su probatoria o libertad bajo palabra?*

28. A. Have you ever been in jail or prison?

SP: ¿Alguna vez ha estado en la cárcel o prisión?

29. If you answered yes to numbers 23 – 28, complete the information below on the Form N-400.

SP: Si respondió "sí", complete la información en la parte que corresponde en el Formulario N-400.

30. Have you ever been: (Alguna vez):

EN: a. a habitual drunkard?

SP: ¿Ha sido borracho/acohólico?

EN: (b) A prostitute or procured anyone for prostitution?

SP: ¿Ha sido prostituto/a o ha solicitado prostitución?

EN: (c). Sold or smuggled controlled substances, illegal drugs or narcotics?

SP: ¿Ha vendido o ha estado envuelto en contrabando de sustancias controladas (drogas) o narcóticos?

EN: (d). Married to more than one person at the same time?

SP: *¿Ha estado casado con más de una personas al mismo tiempo?*

EN: (e). Married someone in order to obtain an immigration benefit?

SP: *¿Se ha casado con una persona para obtener algún beneficio de inmigración?*

EN: (f) Helped anyone entered or try to enter the United States illegally?

SP: *¿Ha ayudado a alguna persona a entrar ilegalmente a los Estados Unidos?*

EN: (g). Gambled illegally or receive income from illegal gambling?

SP: *¿Ha apostado en juegos ilícitos o ha recibido ganancia del juegos ilícito?*

EN: (h). Failed to support your dependents or to pay alimony?

SP: *¿Ha fallado en pasar manutención a sus hijos o ex-esposo(a)?*

EN: (I). Made any misrepresentation to obtain any public benefit in the United States?

SP: *¿Ha mentido para obtener algún beneficio público en los Estados Unidos?*

31. Have you ever given any U.S. Government official any information or documentation that was false, fraudulent or misleading?

SP: *¿Alguna vez le ha dado a algún oficial de inmigración información documentos falsos o fraudulentos?*

32. Have you ever lied to any U. S. Government official to gain entry or admission into the United States?

SP: *¿Alguna vez le ha mentido a un oficial de inmigración para entrar a los Estados Unidos?*

33. Have you ever been removed, excluded or deported from the United States?

SP: *¿Alguna vez ha sido removido, excluído o deportado de los Estados Unidos?*

34. Have you ever been ordered to be removed excluded or deported from the United States?

SP: ¿Alguna vez ha sido ordenado a ser removido, excluído o deportado de los Estados Unidos?

35. Have you ever been placed in removal, exclusion, rescission or deportation proceedings?

SP: ¿Alguna vez ha se le he ha puesto en lista para un proceso de deportación o exclusión?

36. Are any removal, exclusion, rescission, or deportation proceedings pending against you?

SP: ¿Tiene usted actualmente una órden de abandonar el país (órden de deportación) pendiente?

37. Have you ever served in the United States Armed Forces?

SP: ¿Alguna vez ha prestado servicio en las fuerzas armadas de los Estados Unidos?

38. Are you currently a member of the U.S. Armed Forces?

SP: ¿Es usted actualmente un miembro de las de las fuerzas aéreas?

39. If you are currently a member of the U. S. Armed Forces, are you scheduled to deploy overseas, including a vessel, within the next three months? Refer to address change section within the N-400 instructions on how to notify USCIS (if you learn of your deployment plans after you file your Form N-400 form)

SP: Si es ahora un miembro de las fuerzas armadas, ¿va a salir a prestar servicio al extranjero en los próximos 3 meses, incluyendo en un barco? Vea las instrucciones de cómo notificar a la oficina del USCIS en la sección cambio de dirección.

40. If you are currently a member of the U.S. Armed Forces, are you stationed overseas?

SP: Si es miembro ahora de las fuerzas armadas de los Estados Unidos, ¿se encuentra actualmente estacionado en el extranjero?

41. Have you ever been court-martialed, administratively separated, or disciplined, or have you ever received an 'other than' honorable discharge, while in the army?

SP: ¿Alguna vez ha sido disciplinado por una corte marcial, separado administrativamente, disciplinado, o de alguna manera recibió un licenciamiento no honorable mientras estaba en las Fuerzas Armadas de los Estados Unidos?

42. Have you ever been discharged from training or service in the U. S. Armed Forces because you were an alien?

SP: ¿Alguna vez fue expulsado de entrenamiento o del servicio en las fuerzas armadas por ser un inmigrante ilegal?

43. Have you ever left the United States to avoid being drafted into the U.S military?

SP: ¿Alguna vez abandonó los Estados Unidos para evitar ser llamado a prestar servicio en las fuerzas armadas?

44. Have you ever applied for any kind of exemption from military services in the U. S. Armed forces?

SP: ¿Alguna vez ha aplicado para ser exento del servicio en las fuerzas armadas de los Estados Unidos?

45. Have you ever deserted from the U.S. Armed Forces?

SP: ¿Alguna vez ha desertado del servicio militar o la fuerzas armadas de los Estados Unidos?

46. A. Are you a male who lived in the United States at any time between your 18th and 26th birthdays? (This does not include living in the United States as a lawful nonimmigrant).

SP: A. ¿Es usted un varón que vivió en los Estados Unidos entre los 18 y 26 años de edad en algún otro status excepto como un inmigrante legal quien está de paseo o por cuestiones de negocios?

EN: B. If Yes, when did you register for selective service?

SP: Si contestó "sí", ¿cuándo se registró?

EN: If "yes", but you did not register with the selective service and you are:

1. *Still 26 years of age, you must register before you apply for naturalization, and complete the Selective Service information, OR*
2. *Now 26 years of age but you did not register with the Selective Service, you must attach a*

statement explaining why you did not register, and a status information letter from the selective service.

SP: *Si contesto "si" pero no se registró para el Servicio Militar y:*

1. *Todavía tiene 26 años de edad, tiene que registrarse antes de aplicar para la naturalización y completar la información correspondiente en la sección de Servicio Selectivo. ..o...*

2. *Si tiene 26 años de edad, pero no se registró para el servicio militar, tiene que enviar una carta con su aplicación explicando la razón por la cual no se registró, más otra carta que indique su estatus expedida directamente por Servicio Selectivo.*

8. OATH OF ALLEGIANCE REQUIREMENTS

The following are questions the Immigration Officer might ask during the interview to determine the applicants commitment and willingness to support the Constitution of the United States.

If your answer is "No" to any of these questions, you must present in writing, as stated on page 18 of your Form N-400, a written explanation of your answer and provide evidence for your response.

REQUISITOS PARA TOMAR EL JURAMENTO DE LEALTAD

Preguntas que el oficial de inmigración le puede hacer durante la entrevista.

El oficial de inmigración le hará las siguientes preguntas para asegurarse si usted está dispuesto a apoyar y defender la Constitución de los Estados Unidos. Si su respuesta es negativa a cualquiera de estas preguntas, usted debe presentar una explicación por escrito justificando su respuesta, acompañada de evidencia, según se estipula en el formulario N-400, página 18.

47. Do you support the Constitution and the form of government of the United States?

SP: ¿Apoya usted la Constitución y la forma de gobierno de los Estados Unidos?

48. Do you understand the full Oath (Pledge) of Allegiance to the United States?

SP: ¿Entiende usted el juramento de Lealtad a los Estados Unidos?

49. Are you willing to take the full Oath of Allegiance to the United States?

SP: ¿Está usted dispuesto a tomar el juramento de Lealtad a los Estados Unidos?

50. If the law requires it, are you willing to bear arms on behalf of the United States?

SP: Si la ley lo requiere, está dispuesto(a) a alzar las armas a favor de los Estados Unidos?

51. If the law requires it, are you willing to perform non-combatant services under civilian direction?

SP: Si la ley lo requiere, ¿está usted dispuesto a servir como no-combatiente bajo mando civil?

52. If the law requires it, are you willing to perform work of national importance under civilian direction?

SP: Si la ley lo requiere, ¿está usted dispuesto a hacer trabajo bajo mando civil?

EN: NOTE: Answer the next question **ONLY** if you answered "yes" to part 11, number 4 of the N-400.

*SP: NOTA: Responda a esta pregunta **solamente** si usted respondió "Sí" a la parte 11, número 4 del Formulario N-400.*

53. At your naturalization ceremony, are you willing to give up any inherited title(s) or order(s) of nobility that you have in a foreign country?

SP: En la ceremonia de naturalización, ¿está usted dispuesto (a) a renunciar a cualquier título de nobleza hereditario que tenga en un país extranjero?

9. Definition of Terms and Phrases

Be sure to familiarize yourself with the following terms and definitions used during the Immigration interview. Very often you will be asked to explain certain phrases as a way of determining whether or not you understand the language and the meaning of the answers you are providing.

VOCABULARIO ÚTIL Y DEFINICIONES

Vocabulario Útil – Se recomienda que estudie y se familiarice con los siguientes términos y definiciones. En muchas ocasiones durante la entrevista, el oficial le puede pedir que explique el significado de ciertas palabras o frases que aparecen en la aplicación.

What's the Oath of Allegiance?

Sp: ¿Qué es el Juramento de lealtad?

EN: It means to be loyal to the United States and support the Constitution.

SP: Significa ser leal y apoyar la Constitución de los Estados Unidos.

What's the Constitution?

SP: ¿Qué es la Constitución?

En: The Constitution is the supreme law of the land.

SP: La Constitución es la ley suprema de la nación.

What is an oath?

SP: ¿Qué es un juramento?

EN: It is a promise to tell the truth.

SP: Es prometer decir la verdad.

What does to lie mean?

SP: ¿Qué significa mentir?

EN: It means not to tell the truth

SP: Significa no decir la verdad.

What is a title of nobility?

SP: ¿Qué es un título de nobleza?

EN: It means King or queen; royalty.

SP: Significa ser rey o reina; realeza

What does deportation mean?

SP: ¿Qué significa deportación?

EN: It means to be sent back to the original country.

SP: Significa ser enviado al país de origen.

What does it mean to be arrested?

SP: *¿Qué significa ser arrestado?*

EN: It means to be detained and handcuffed by the police.

SP: *Significa ser detenido y esposado por la policía.*

What is a drunkard?

SP: *¿Qué es un alcohólico?*

En: It's a person who drinks a lot.

SP: *Es una persona que toma alcohol en exceso.*

What does prostitution mean?

SP: *¿Qué significa prostitución?*

EN: It means sex for money. To sell one's body.

SP: *Significa tener sexo por dinero. Vender su cuerpo.*

What is bigamy?

SP: ¿Qué es bigamia?

EN: It means to have two spouses at the same time.

SP: Significa tener dos esposos o esposas al mismo tiempo.

What is smuggling?

SP: ¿Qué es contrabando?

EN: It means contraband; to bring something or someone illegally into a country.

SP: Significa traer (cosas o personas) ilegalmente a un país.

What is illegal gambling?

SP: ¿Qué es una apuesta o juego ilícito?

EN: It means play for money illegally.

SP: Significa apostar en jugos ilícito .

What is Jail or prison?

SP: ¿Qué es una cárcel o prisión?

EN: It's a place where you lose your freedom.

SP: Es un lugar donde uno pierde su libertad.

What does communism mean?

SP: ¿Qué es el comunismo?

EN: It means no freedom; no liberty.

SP: Es un gobierno totalitario donde no hay libertad.

What does persecution mean?

SP: ¿Qué quiere decir persecución?

EN: It means to follow someone with the intention of hurting them.

SP: Es perseguir a una persona con la intención de hacerle daño.

What is genocide?

SP: ¿Qué es genocidio?

EN: It means Killings of many people.

SP: Significa matar gente en masa.

What does torture mean?

SP: ¿Qué es tortura?

EN: It means to cause much pain or suffering.

SP: Es causar dolor o sufrimiento a otra persona.

What is a weapon?

SP: ¿Qué es un arma?

EN: It's a firearm – such as a gun or rifle; also a knife is considered a weapon.

SP: Es una arma de fuego como un revolver o un rifle, también un cuchillo se considera un arma.

10. Reading and Writing Practice

During the interview, you will be tested on your ability to read and write English.

Below are the most commonly used sentences that a person may be asked to read or write. However, you must be mindful that in some cases the form of these sentences may vary, It is strongly recommended that you practice reading, writing and conversational English as often as you can.

Example:

What city is the White House in?
or,
Where is the White House?

This is an example of the same question, but in a different form.

SP: Práctica de lectura y escritura para el examen de la ciudadanía Americana

En la entrevista, el oficial le dará una prueba la cual demuestra su capacidad de leer y escribir inglés. A continuación están las oraciones que más comúnmente les dicta el oficial de inmigración. Debe tener presente que las mismas pueden variar, por lo que se le recomienda que practique la lectura, escritura e inglés conversacional tanto como le sea posible.

1. The American Indians lived here first.

2. I want to be an American citizen so I can vote.

3. There are fifty states in the United States.

4. Our flag is red, white and blue.

5. The White House is in Washington, D.C.

6. The President lives in the White House.

7. George Washington was the first President.

8. John Adams was the second President of the United States.

9. George Washington is on the dollar bill.

10. Abraham Lincoln was President during The Civil War.

11. We have freedom of speech in the United States.

12. There are one hundred senators in the U.S. Congress.

13. Thanksgiving is in November

14. California has a lot of people.

15. Congress meets in Washington, D.C.

16. We pay taxes every year.

17. The Civil War is also called the war between states.

18. Abraham Lincoln freed the slaves.

19. Abraham Lincoln signed the Emancipation Proclamation.

20. All citizens have the right to vote.

21. Men and women have the right to vote.

22. California borders Mexico.

23. Columbus Day is in October.

24. Presidents' Day in February.

25. Alaska is the largest state.

26. The Statue of Liberty is in Liberty Island.

27. Mexico is south of the United States.

28. New York City was the first capital.

29. People elect Congress.

30. Freedom of speech is a right.

(Intentionally blank for notes.)

(Intentionally blank for notes.)

(Intentionally blank for notes.)

CPSIA information can be obtained
at www.ICGtesting.com
Printed in the USA
FSOW04n2229171016
26270FS